머리말

　인생을 돌아본다는 것은 자신의 인생에 대한 희로애락을 음미하는 일이기도 하고 재평가할 수 있는 기회이기도 하다. 노년기에는 자신의 인생을 자연스럽게 되돌아보게 되는데, 자신의 삶이 최선을 다해 노력한 삶이었다고 생각하며 자신을 긍정적으로 평가할 때 남은 인생에 대해서도 자연스럽게 받아들이게 된다. 그러나 과거의 생이 불만스럽거나 실패했다고 생각하는 경우, 또는 남은 시간이 부족하다고 생각하는 경우 절망감을 가지게 된다. 따라서 자신의 삶을 돌아보고 즐거웠던 추억을 회상하며 자신의 삶을 가치 있게 생각하는 것은 매우 중요한 노년기의 과제이다.

　자신의 인생을 돌아보고 과거의 경험 중에서 의미 있는 것에 대해 떠올리는 회상을 통해 노인은 자신의 모습을 되찾고, 과거의 자신과 현재의 자신을 연결한다. 치매환자의 경우에도 최근 일을 잘 기억하지 못하는데 비해 오래 전 기억은 비교적 잘 기억하므로, 과거에 있었던 일을 회상하여 다른 사람에게 들려주는 일은 치매노인에게 큰 즐거움을 준다. 지나간 일을 자랑스럽게 회상하면서 자존감이 높아지기도 하며, 우울감에서 벗어나기도 한다. 또한 회상을 통해 자신의 현재 상황에 대해 판단하는데 도움을 받으며, 자신에 대해 새로운 정체감을 만들게 된다.

　이 책은 전체적으로 "회상"이라는 테마를 바탕으로 기획되었다. 회상을 할 때 그때 그 시절을 떠올릴 수 있는 사진이나 그림, 소품이 있으면 옛 기억을 떠올리기 수월하다. 이 책에 나온 주제별 회상 그림은 추억 소환을 용이하게 하였다. 회상 그림을 보고 회상 질문에 답하면서 추억을 돌아보고, 전통물건, 놀이, 장면 등을 소재로 한 인지활동지를 풀어볼 수 있게 구성되었다. 또 같은 주제의 추억 색칠하기를 하면서 추억에 흠뻑 빠져볼 수 있도록 하였다.

　이 책을 통해 노년기에 있는 많은 분들이 옛 추억을 떠올리며 즐거워하실 모습을 상상하며..

저자 윤 소 영

목 차

이 책의 활용법

이 책은 48장의 노인회상 이야기카드 중 30장의 그림을 바탕으로 기획, 제작되었다. 교재의 전체적인 구성은 왼쪽 페이지에는 회상질문과 인지활동지로 구성되어 있고, 오른쪽은 추억과 관련된 그림을 색칠할 수 있도록 되어있어 회상, 인지, 색칠하기 활동을 모두 해볼 수 있다.

회상
- 이 그림을 보고 떠오르는 사람을 적어보세요.
- 이 주머니 안에는 무엇이 들어있었나요?
- 주머니를 보면 생각나는 추억을 적어보세요.

왼쪽 회상은 회상카드 원본 그림과 함께 그림과 관련된 회상 질문을 실어두었다. 제시된 질문과 함께 다양한 질문을 할 수 있도록 하여 과거 회상에 용이하도록 하였다.

인지 활동 아래 그림을 보고 주머니 수를 세어 빈 칸에 적어주세요.

개	개	개	개	개	개	개	개

왼쪽 아래의 인지활동지는 회상그림이나 소재를 활용하여 집중력, 시·공간력, 언어능력, 판단력, 수계산력 등 인지를 자극하는 문제들로 구성되어 있다. 인지활동지의 문제 소재가 회상카드의 그림과 연계되어 있어 주제에 대한 흥미와 집중력을 높일 수 있다.

오른쪽 페이지는 회상그림의 스케치가 실려 있어 그림을 색칠하며 과거를 회상할 수 있다. 왼쪽 그림이나 회상카드 원본을 보면서 색칠해도 되고 자유롭게 색칠할 수도 있다.

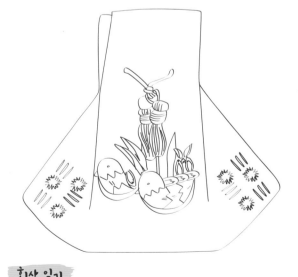

회상 일기

회상일기가 있는 페이지는 그림과 관련한 기억나는 이야기를 적을 수 있도록 하였다.

이 책의 활용법

이 책은 **노인회상 이야기카드**를 함께 활용하면 다양한 회상 프로그램으로 활용이 가능하다.

노인회상 이야기카드

이 카드는 치매예방과 기억력 향상을 위해 노인들이 과거를 회상할 수 있는 장면과 사물을 그린 48장의 그림으로 구성되어 있다. 노인이 그림카드를 보고 과거에 경험한 사건들 중에서 즐거운 경험을 떠올리고 공유하게 함으로써 노인의 정서적 안정, 기억력 등 인지 기능향상, 사회적 상호작용을 돕는다.
박스 구성으로 보관하기 쉬우며, 회상치료, 노인 수업교구로 다양하게 활용할 수 있다.

치매예방을 위한 회상활동

그때 그 시절

추억 색칠하기 + 인지 워크북

회상·인지활동
+
추억 색칠하기

주머니

회상

- 이 그림을 보고 떠오르는 사람은 누구인가요?

- 이 주머니 안에는 무엇이 들어있었나요?

- 주머니를 보면 생각나는 추억을 적어보세요.

인지 활동 아래 그림을 보고 주머니 수를 세어 빈 칸에 적어주세요.

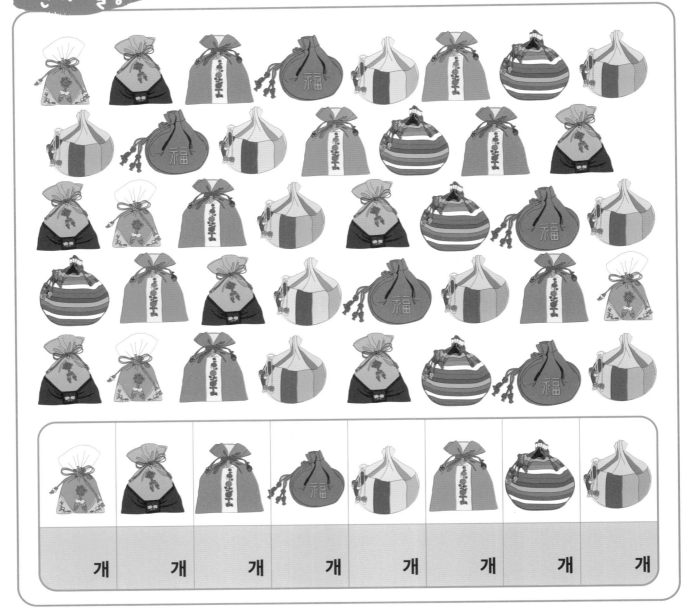

개	개	개	개	개	개	개	개

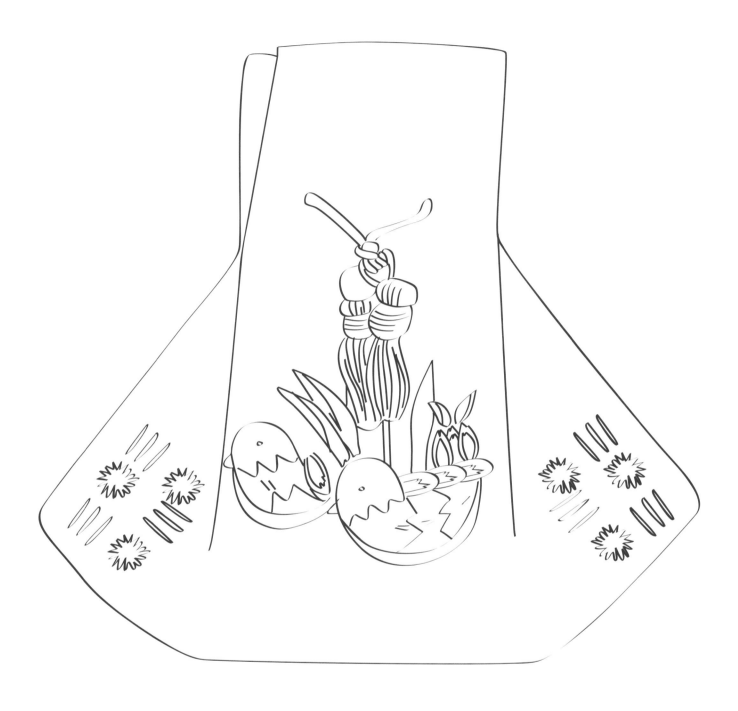

아궁이

회상

- 이 여성을 보면 누가 떠오르나요?

- 가마솥에 먹었던 음식 중 가장 기억에 남는 음식은?

- 옛날 부엌에는 어떤 물건들이 있었나요?

인지 활동

왼쪽 그림자가 되려면 어떤 물건이 필요한지 오른쪽 그림에서 찾아 '○' 해주세요.

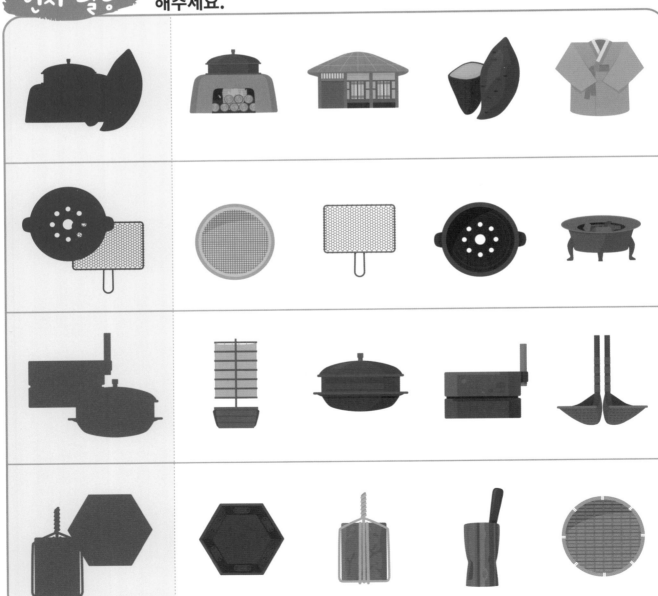

밥 상

회상

- 어릴 때 자주 먹었던 반찬은 어떤 반찬인가요?

- 가장 좋아했던 반찬은 어떤 반찬이었나요?

- 특별한 날에는 어떤 반찬을 먹었었나요?

인지 활동 보기의 김치와 같은 김치 그림을 3개 찾아주세요.

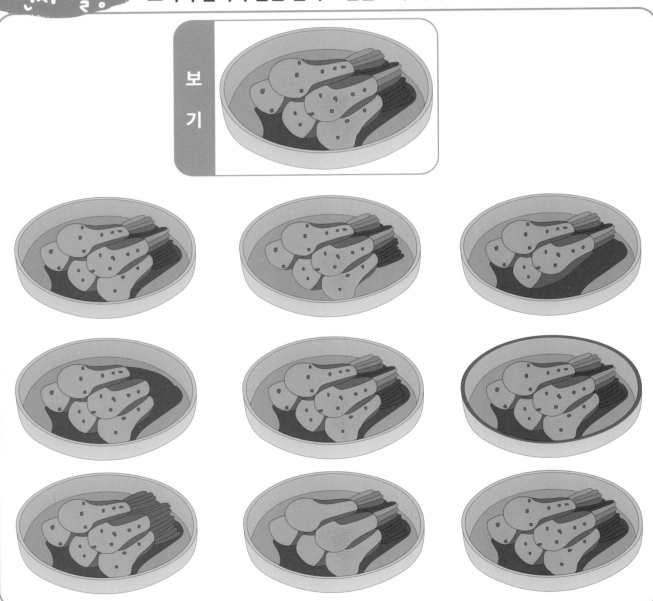

보
기

구슬치기

회상

- 몇 살 때 구슬치기를 많이 했었나요?

- 구슬치기를 자주 했던 동네는 어디였나요?

- 구슬치기와 관련한 기억나는 추억은?

인지 활동

위의 그림과 아래의 그림을 비교해보고 서로 다른 곳 5군데를 찾아 아래의 그림에 '○' 해주세요.

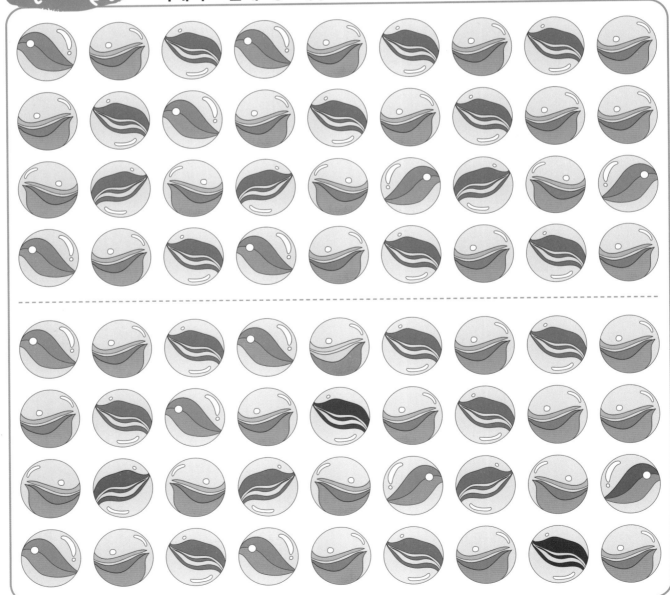

텔레비전

추억 색칠하기 + 인지 워크북

회상

- 처음 텔레비전을 보았던 때는 몇 살 때였나요?

- 좋아했던 텔레비전 프로그램은 무엇이었나요?

- 텔레비전과 관련한 기억나는 일은 어떤 일인가요?

인지 활동 텔레비전 화면과 같은 색 조합을 찾아 번호에 '○' 해주세요.

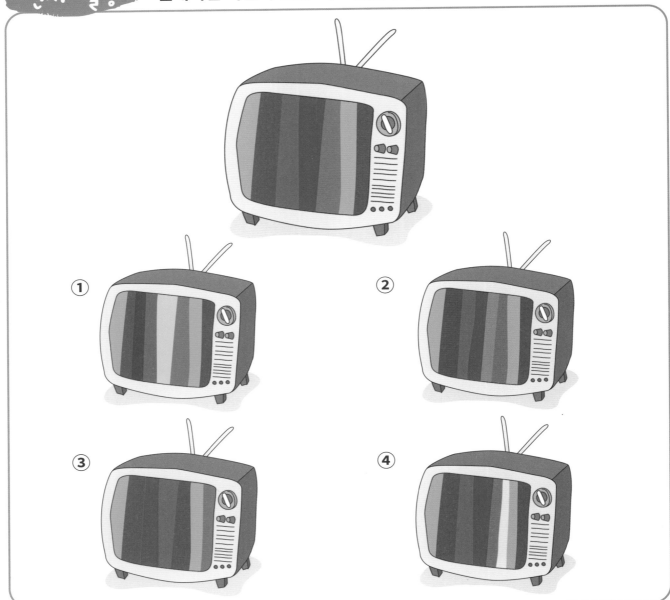

막걸리 심부름

회상

• 막걸리를 들고 가는 그림을 보고 누가 떠오르나요?

• 누군가 막걸리 심부름을 시켰었나요?

• 막걸리를 관한 기억나는 추억은 어떤 일인가요?

인지 활동 보기와 같은 조합의 그림을 찾아 번호에 'O' 해주세요.

보기

① ② ③ ④

새 참

회상

- 새참 그림을 보니 누가 생각이 나나요?

- 새참 중 가장 맛있었던 음식은 어떤 것인가요?

- 새참을 만들었다면 어떤 음식을 잘 만들었었나요?

인지 활동 · 잘라진 그림들을 붙이면 어떤 그림이 될지 아래 그림에서 찾아보세요.

모심기

회상

- 모심기 장면을 보고 누가 떠오르나요?

- 어릴 때 어떤 농사일을 했었나요?

- 모심기나 농사일을 하기 싫었을 때는 어떻게 했었나요?

인지 활동

다음 논 그림을 보고 봄~겨울까지 계절 순서대로 1~4까지 번호를 적어 주세요.

담뱃대

회상

- 담뱃대를 물고 있는 노인을 보면 누가 생각나나요?

- 담뱃대와 관련한 기억나는 장면은?

- 어릴 때 담배를 피웠던 어른은 누구누구였나요?

인지 활동

다음 중 그림 중에서 용도가 다른 것 하나를 찾아 '○' 해주세요.

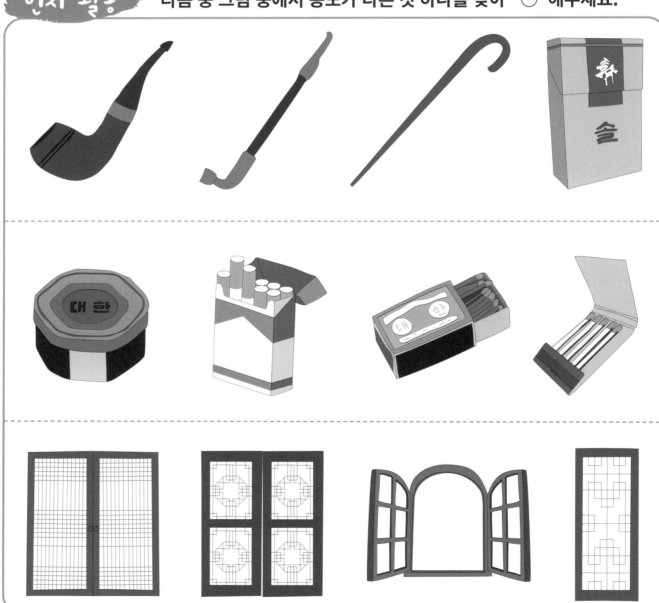

지 게

회 상

• 땔감 나무를 하러 산에 올라갔던 경험이 있나요?

• 지게를 보면 누가 떠오르나요?

• 나무와 겨울에 얽힌 추억은 어떤 추억이 있나요?

인지 활동

왼쪽 보기 그림과 다른 음으로 시작되는 단어를 오른쪽 그림에서 찾아 '○' 해주세요.

감나무

년 월 일

회상

- 어린 시절 감나무가 어디에 있었나요?

- 감을 땄던 방법은 어떤 방법이었나요?

- 감이나 곶감 관련된 기억나는 일은?

인지 활동

아래 그림 중에는 다른 그림들과 다른 그림이 두 개 있습니다.
찾아서 'X' 해주세요.

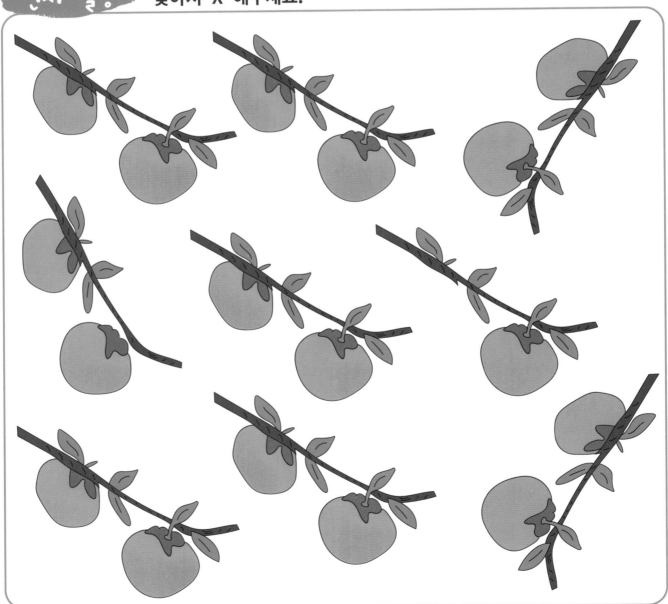

수박서리

회상

- 서리를 했던 경험이 있다면 무슨 서리를 했었나요?

- 서리를 할 때 누구와 같이 했었나요?

- 서리를 할 때 있었던 생각나는 일을 적어보세요.

인지 활동

아래 그림 중 같은 모양을 찾아 같은 색으로 칠하고, 같은 그림이 각각 몇 개씩 있는지 세어서 빈 칸에 적어 보세요.

엿장수

년   월   일

회상

- 어릴 때 엿과 바꿨던 고물은 어떤 것이 있었나요?

- 엿장수는 어떻게 외쳤었나요?

- 그 때 먹었던 엿의 종류와 맛을 이야기해보세요.

인지 활동

아래의 그림 중 같은 그림이 두 개 있어요. 어떤 그림인지 찾아서 '○' 해주세요.

아이스께끼

회상

- 언제 처음 아이스께끼를 먹어보았나요?

- 예전에 먹던 아이스께끼 이름은?

- 그때 먹었던 아이스께끼 맛의 느낌을 표현해보세요.

인지 활동

왼쪽 그림과 같은 그림을 오른쪽에서 찾아 '○' 해보세요.

난로와 도시락

회 상

• 난로와 도시락에 관한 어떤 추억이 있나요?

• 자주 싸갔던 도시락반찬과 가장 좋아했던 반찬은?

• 가장 부러웠던 반찬은 어떤 반찬이었나요?

인지 활동

아래 도시락 그림을 보고 만든 도시락 재료와 관련 있는 그림에 모두 '○' 해보세요.

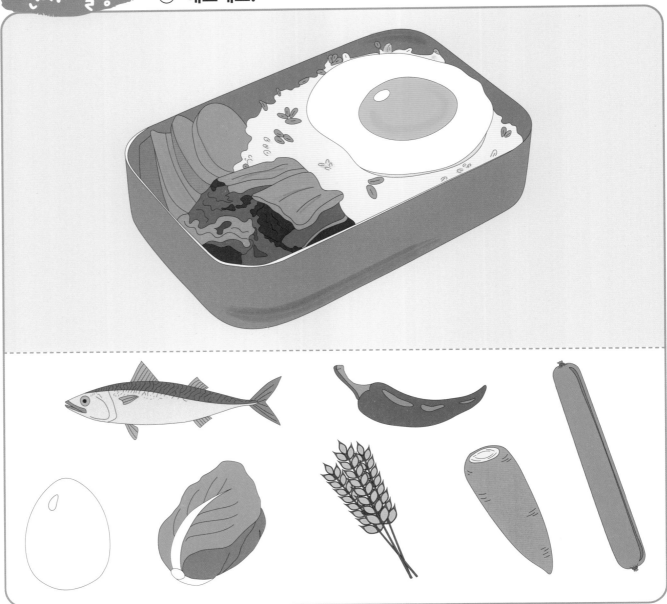

학창시절

회상

- 학창시절 기억나는 물건을 적어보세요.

- 학창시절 교복은 어떻게 생겼었나요?

- 학창시절 제일 친했던 친구는 누구였나요?

인지 활동

왼쪽 그림과 연관있는 그림을 오른쪽에서 찾아 선으로 연결해 보세요.

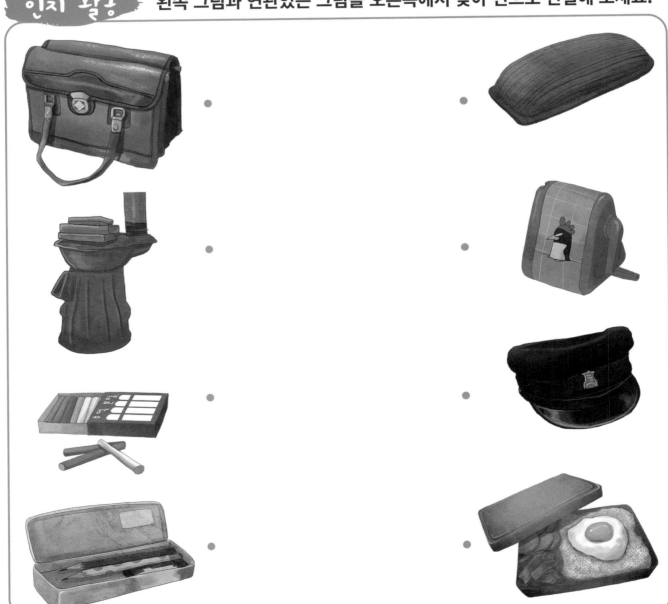

나팔바지와 미니스커트

회상

- 젊은 시절 멋을 부릴 때 입었던 옷은 어떤 옷인가요?

- 미니스커트를 보면 생각나는 사람은 누구인가요?

- 나팔바지를 보면 생각나는 사람은 누구인가요?

인지 활동 보기와 같은 사람을 2명 찾아 '○' 해주세요.

보 기

통행금지

회상

- 몇 살에 통행금지가 있었나요?

- 통행금지에 걸렸다면 왜 걸렸었나요?

- 통행금지와 관련된 가장 기억나는 장면은?

인지 활동

12시면 통행금지 시간이예요. 차에 탄 사람은 몇 분 안에 귀가해야할지 계산해서 적어보세요.

  분

  분

 분

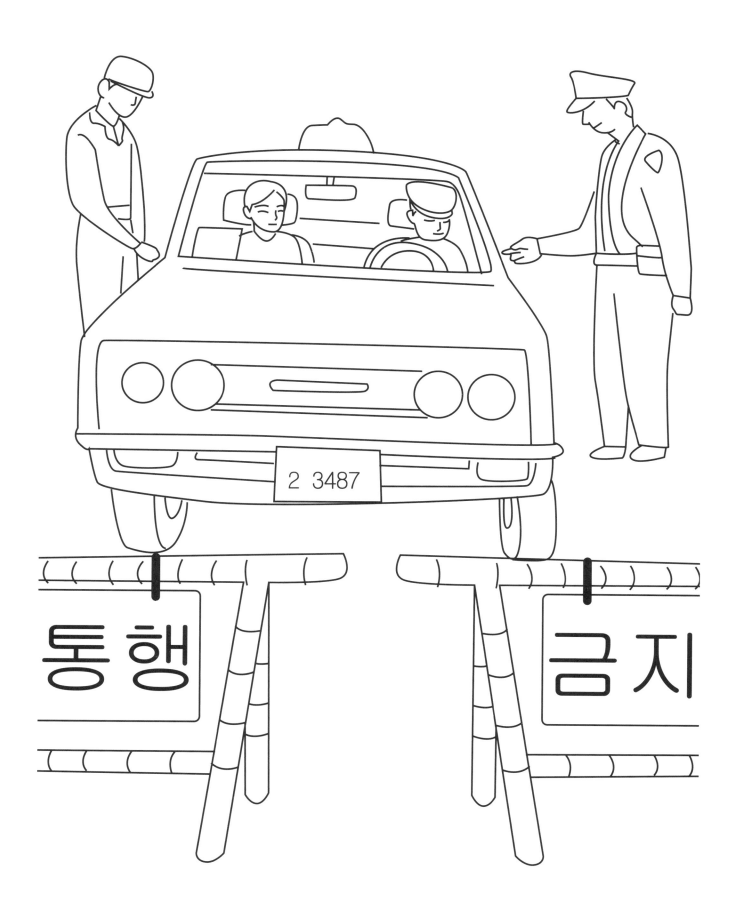

버스와 안내양

회상

- 버스를 탔던 기억 중 가장 기억에 남는 추억은?

- 만원 버스나 안내양에 관한 어떤 추억이 있나요?

- 회수권, 토큰에 관한 기억나는 추억은?

인지 활동 보기의 조합과 같은 조합의 그림을 찾아 번호에 '○' 해주세요.

보기

①

②

③

④

혼 례

회상

- 몇 살에 어디에서 결혼을 하셨어요?

- 어떤 옷을 입고 식을 올리셨어요?

- 결혼식에서 가장 기억에 남는 장면은 어떤 장면인가요?

인지 활동

전통혼례와 관련 있는 그림을 모두 찾아 '○' 해보세요.

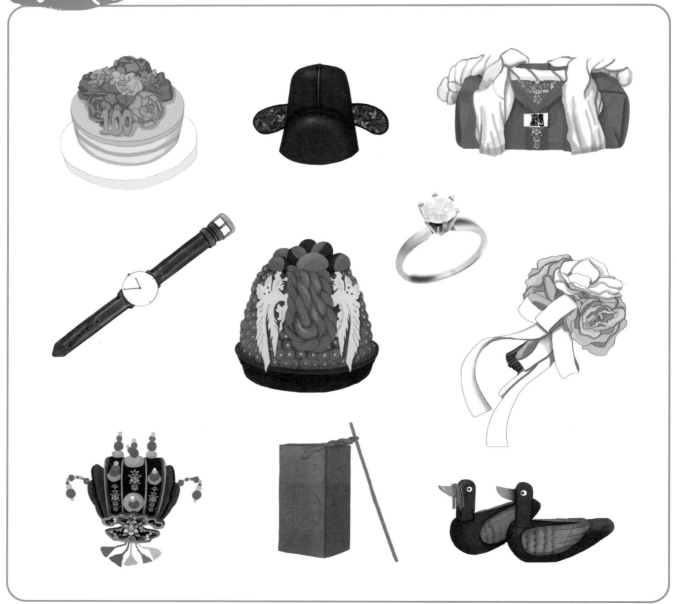

재봉틀

회상

- 재봉틀을 보면 생각나는 사람은 누구인가요?

- 재봉틀을 보면 어떤 기억이 떠오르나요?

- 재봉틀로 만든 옷이나 물건 중 기억에 남는 물건은?

인지 활동

왼쪽과 오른쪽 그림을 비교해서 틀린 부분 5군데를 찾아 오른쪽 그림에 'O' 하세요.

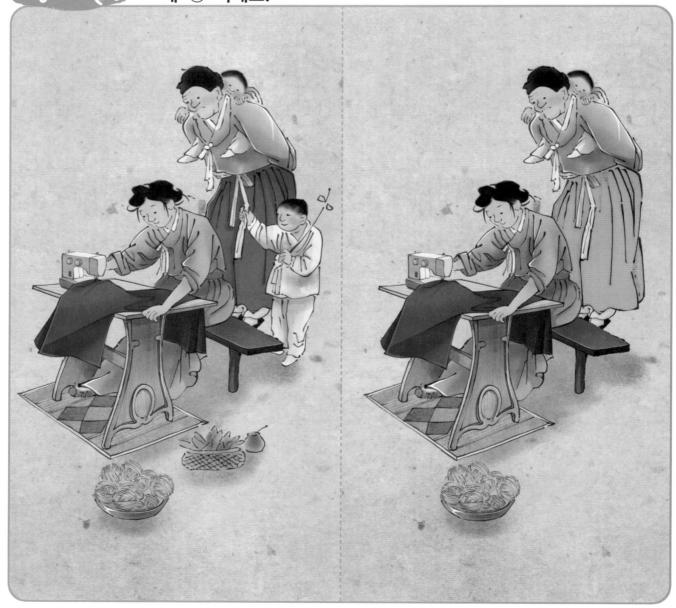

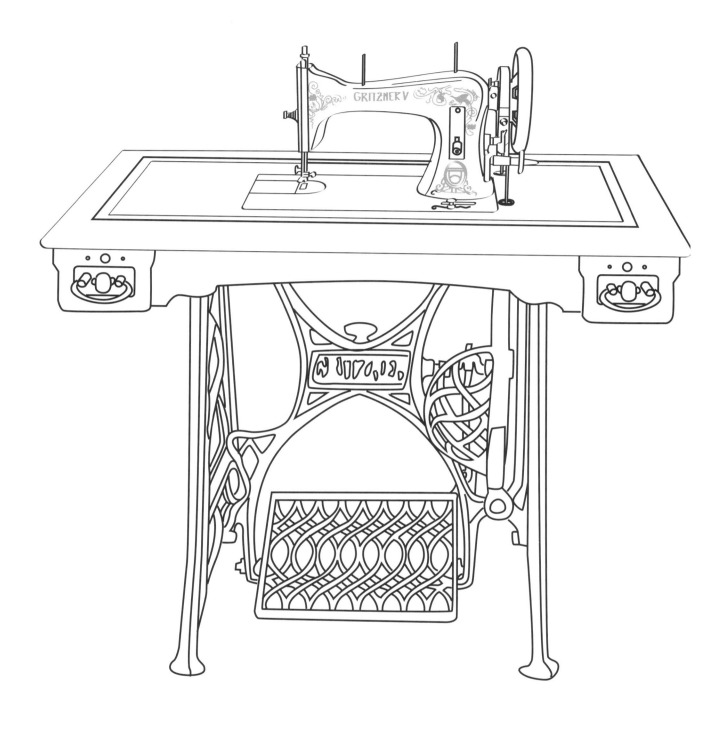

등목

년 월 일

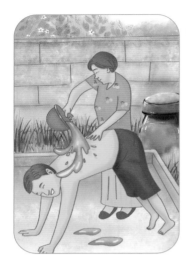

회상

- 그림에 있는 여자와 남자가 누구처럼 생각되나요?

- 언제 누구에게 등목을 해주었었나요?

- 등목을 할 때(해줄 때) 느낌을 표현해 보세요.

인지 활동

왼쪽 그림과 같은 그림자를 찾아 번호에 '○' 해보세요.

① ②

③ ④

월급봉투

년　　월　　일

회상

- 젊었을 때 기억나는 월급은 얼마였나요?

- 첫 월급에 대해 기억나는 일은?

- 월급봉투에 얽힌 추억에는 어떤 추억이 있나요?

인지 활동

아래 돈 중에서 지폐는 지갑에, 동전은 주머니에 넣을 거예요.
지갑과 주머니에는 각각 얼마씩 들어가나요?

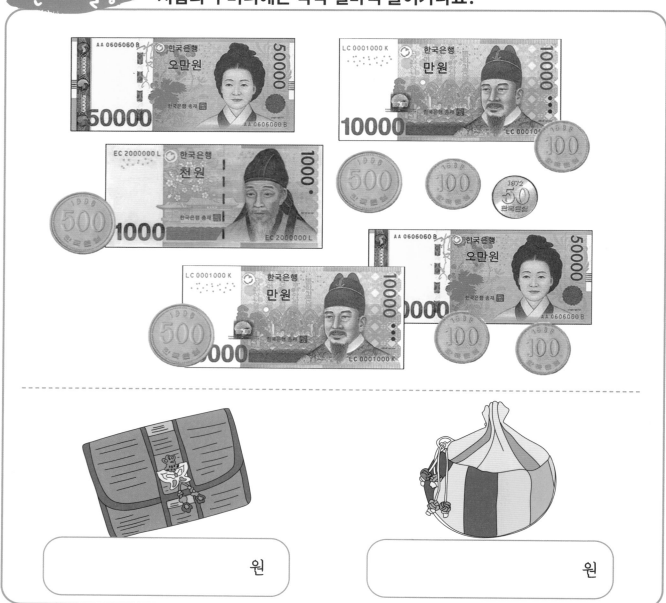

원　　　　　　　　　　　　　　　　　원

자전거

회상

- 자전거 그림을 보고 떠오르는 사람은 누구인가요?

- 처음 자전거를 탔던 적은 언제인가요?

- 자전거를 타다 넘어지거나 혼난 적이 있나요?

인지 활동

위의 그림과 아래의 그림을 비교해보고 빠진 부분을 아래 그림에 채워 그려 주세요.

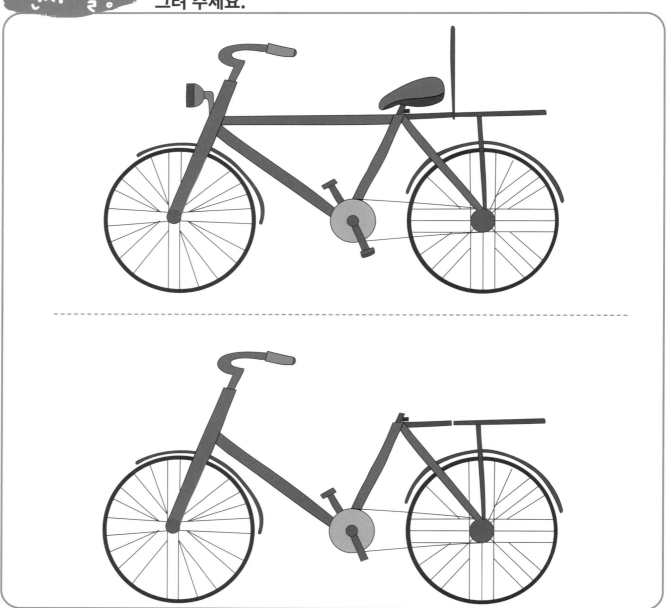

회상

- 첫 아이는 몇 년도(또는 몇 살)에 낳았나요?

- 아이를 키울 때 어떤 고생을 하셨나요?

- 아들을 낳기 바랐던 사람이 있다면 누구였나요?

인지 활동 아이의 성장에 따라 태아부터 시간의 흐름 순서대로 1~6까지 번호를 써 보세요.

분 유

회상

- 분유를 보면 누가 떠오르나요?

- 분유가루를 먹어보았다면 맛은 어땠나요?

- 분유에 얽힌 가장 기억나는 장면은 어떤 장면인가요?

인지 활동

1. 아래 그림들 중 '아기'와 관련 없는 그림에 'X' 해주세요.
2. 그림을 보고 물건 이름을 차례대로 이야기하거나 적어보세요.

회상 일기

목 마

년   월   일

회상

- 목마를 보면 제일 먼저 떠오르는 사람은 누구인가요?

- 당시에 목마를 태우는 비용은 얼마였나요?

- 목마와 관련된 슬프거나 재미있는 기억은?

인지 활동   다음 중 목마와 같은 음으로 시작되는 그림을 찾아 'O' 해주세요.

목 마

달고나

회상

- 달고나를 언제 자주 했었나요?

- 그 때 먹었던 달고나 맛이 어땠는지 표현해보세요.

- 달고나를 맛있게 만드는 비법이 있나요?

인지 활동
아래의 그림과 다른 그림을 찾아 번호에 '○' 해보세요.

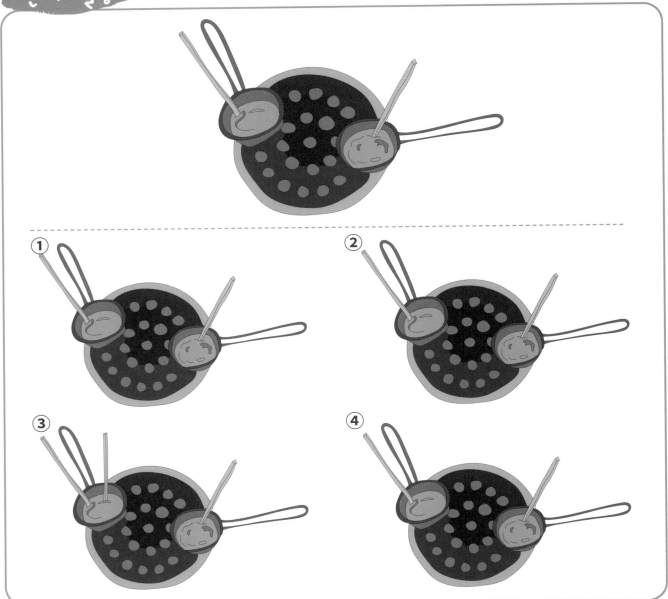

① ② ③ ④

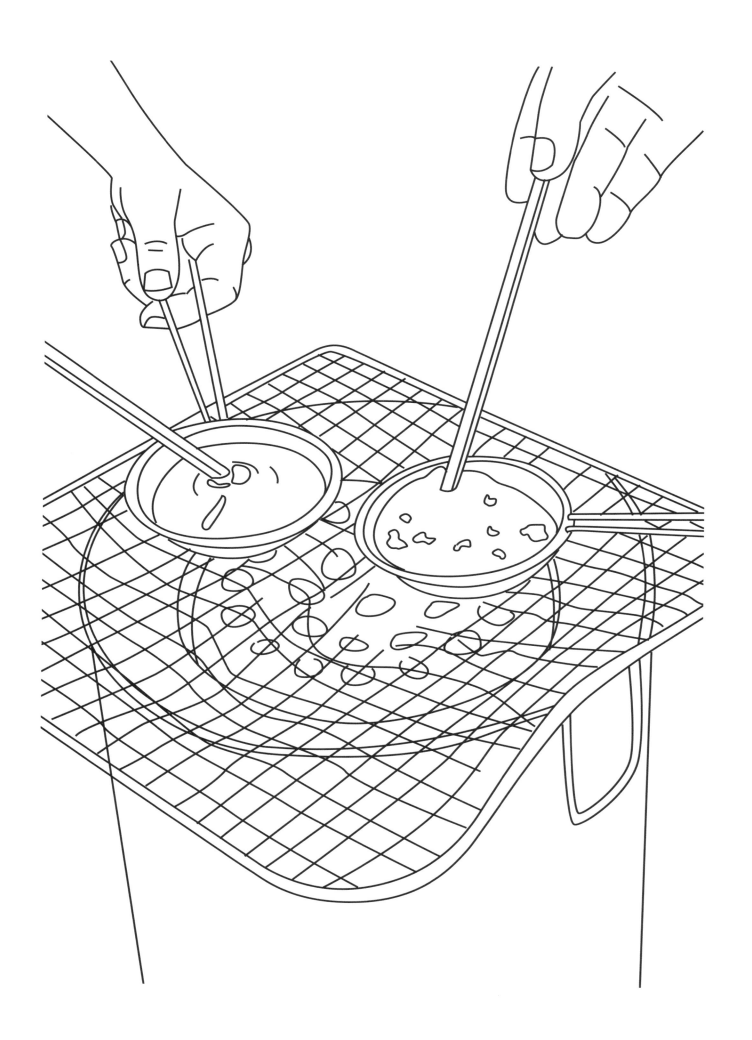

종합과자선물세트

년   월   일

회상

- 과자선물세트 안에는 무슨 과자가 들어있었나요?

- 즐겨먹던 옛날 과자 이름을 생각나는 대로 적어보세요.

- 종합과자선물세트에 관한 기억나는 일화는?

인지 활동

왼쪽과 같은 그림이 되려면 오른쪽의 과자 조합에서 몇 번 그림을 더하면 될지 찾아서 '○' 해주세요.

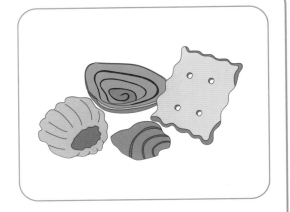

①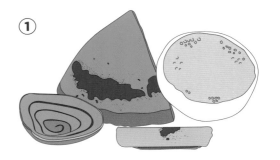

②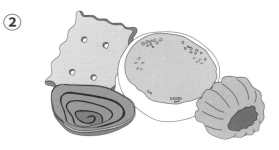

③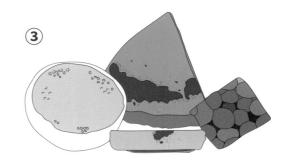

④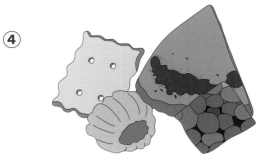

옛날 상점

회상

- 옛날 상점에는 어떤 것을 팔았었나요?

- 옛날 상점에서 제일 자주 샀던 물건은 무엇이었나요?

- 예전으로 돌아간다면 상점에서 무엇을 사고 싶나요?

인지 활동

위의 그림에 있었던 것 중 아래에는 없는 그림을 찾아 위 그림에 '○' 하세요.

추억 회상일기 쓰는 법

오래 전 장기기억들을 회상하는 훈련도 치매예방에 매우 중요합니다.
다음 소재들을 참고로 하여 과거의 기억나는 일들을 회상해 보세요.
주제별로 회상일기도 적어보세요.

첫사랑	소풍	좋아하던 노래	좋아했던 가수
결혼식	기억나는 선생님	어릴 때 놀이	별명
어머니	아버지	할머니/할아버지	화장실
배고팠던 기억	좋아했던 음식	첫 직장	혼났던 일
내가 좋아한 사람들	나를 좋아해준 사람들	젊은 시절 특기	자녀가 태어난 날
예방주사	내 집 마련	불 / 물	과일 서리
심부름	친척들	명절날	행복했던 기억들
손녀 손자	아이들 결혼식	태풍/홍수	칭찬받은 기억
곤충잡기	부모의 가르침	좋아했던 배우	배웠던 기술
좋아했던 공부	친구와의 일탈	동물 관련 추억	슬펐던 기억
기억에 남는 영화	기억에 남는 드라마	기억나는 여행지	연애
기억나는 선물	아끼던 옷	자녀의 어릴 때 장점	뿌듯한 자녀
태몽	계절 관련 일화	어릴 때 단짝 친구	고향
군대생활	반려동물	부모의 생애	집안 행사
작명	시집살이	처갓집	민간요법
부모님이 좋아하셨던 음식	특별한 선물	어릴 때 형제자매	이사
기억나는 이웃	새 옷	아들/딸	마을 행사

추억 회상일기

제목: _____

제목: _____

제목: _____

제목: _____

오늘의 기억

년	월	일	요일	날씨	☀ ☁ ☁ 🌧 ☁ ⛈

기상시간			
식사 시간	아침	점심	저녁
오늘 먹은 음식			
만난 사람			
방문한 곳			
오늘 입었던 옷			

사용한 돈	사용한 곳	금 액

기억에 남는 일	

오늘 나의 감정

오늘의 기억

	년 월 일 요일 날씨 ☀ ☁ ⛅ 🌧 ☁ ⛈

기상시간			
식사 시간	**아침**	**점심**	**저녁**
오늘 먹은 음식			
만난 사람			
방문한 곳			
오늘 입었던 옷			

	사용한 곳	금 액
사용한 돈		

기억에 남는 일	

오늘 나의 감정

오늘의 기억

년	월	일	요일	날씨 ☀ ☁ ⛅ 🌧 🌨 ⛈

기상시간			

식사 시간	아침	점심	저녁

오늘 먹은 음식			
만난 사람			
방문한 곳			
오늘 입었던 옷			

사용한 돈	사용한 곳	금 액

기억에 남는 일	

오늘 나의 감정

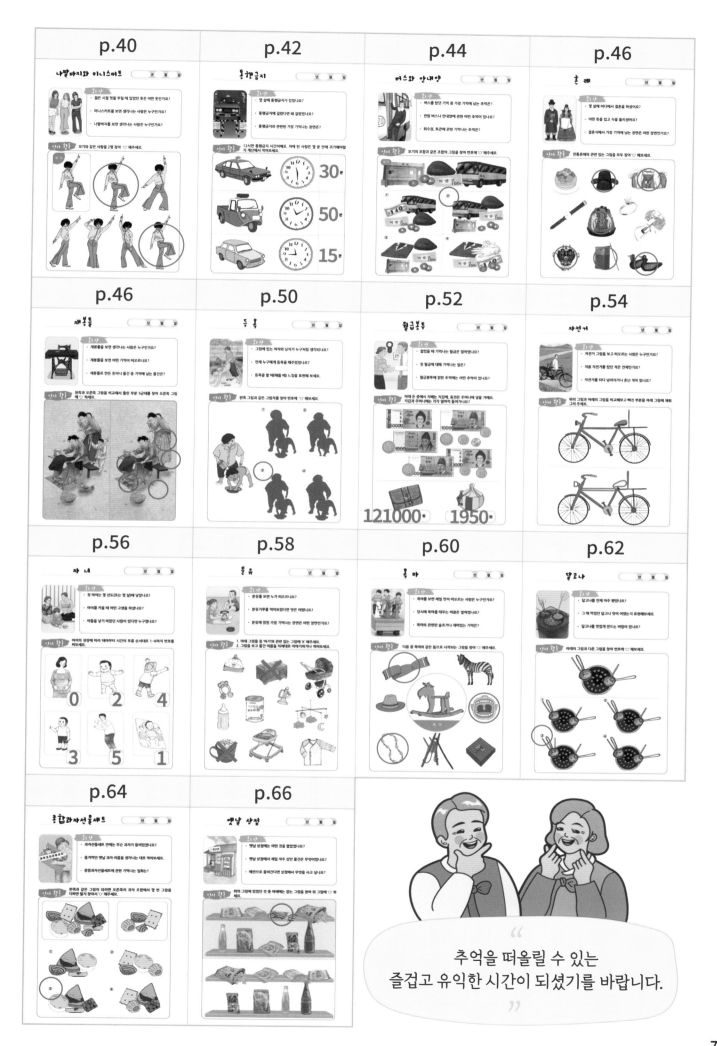

"
추억을 떠올릴 수 있는
즐겁고 유익한 시간이 되셨기를 바랍니다.
"

저/자/소/개

윤소영 on-edu@nate.com

　건국대학교를 졸업하고, 건국대학교 교육대학원에서 학습·진로컨설팅 및 평가과정을 공부하며 유아에서 노인에 이르는 전 생애에 걸친 다양한 교육의 필요성을 더욱 절감하게 되었다. 현재 (주)한국실버교육협회 대표이사, (주)하자교육연구소 및 하자교육컨설팅 대표, 한국영상대학교 외래교수로 재직하고 있고 장기요양기관 심사위원으로도 활동하였다. 치매예방 및 노인을 위한 교재, 교구를 개발·보급하면서 치매예방 온라인교육 플랫폼 인지넷, 내봄 평생교육원도 함께 운영하고 있다. 주요 저서로는『치매예방과 관리』『치매예방을 위한 뇌훈련 실버인지놀이 워크북 01권, 02권, 03권』『치매예방을 위한 회상활동 추억 색칠하기+인지 워크북 – 추억놀이편』『치매예방을 위한 회상활동 추억 색칠하기+인지 워크북 – 추억놀이편 플러스』『치매예방을 위한 뇌훈련 실버인지 속담놀이 워크북』『치매예방 두뇌 트레이닝 추억의 퀴즈 테마 워크북 1권, 2권』『노인회상 이야기카드』『마음읽기 감정카드』『추억놀이 회상카드』『실전 전래놀이 운영 프로그램』『재미있고 실용적인 시니어 책놀이 운영 프로그램』『실버 인지미술 운영 프로그램』『자녀에게 남기는 인생 기록 부모 자서전』『공감 대화를 위한 사진 질문카드』『단어 상식&어휘력 향상 두뇌운동 단어퀴즈 워크북』등이 있다.

치매예방을 위한 회상활동

추억 색칠하기+인지 워크북

1판　1쇄 발행 ● 2019년 12월 17일
1판 23쇄 발행 ● 2024년 10월 16일

지 은 이 ● 윤소영
펴 낸 곳 ● **(주)한국실버교육협회**
　　　　　　경기도 성남시 분당구 운중로 122 601호
디 자 인 ● (주)경상매일신문 디자인사업국
대표전화 ● 02-313-0013
홈페이지 ● www.ksea.co.kr
　　　　　　www.injinet.kr
이 메 일 ● ksea7777@daum.net
I S B N ● 979-11-964859-7-9

정가 13,000원

이 도서의 국립중앙도서관 출판예정도서목록(CIP)은 서지정보유통지원시스템 홈페이지(http://seoji.nl.go.kr)와 국가자료종합목록 구축시스템(http://kolis-net.nl.go.kr)에서 이용하실 수 있습니다. (CIP제어번호 : CIP2019048584)